Inhalt

Marktorientierte Hochschulausbildung

Kernthesen

Beitrag

Fallbeispiele

Weiterführende Literatur

Impressum

Marktorientierte Hochschulausbildung

M.Reiner

Kernthesen

- Da im Gegensatz zu staatlichen Universitäten private Bildungsinstitutionen ihre Studenten marktorientierter ausbilden, steigt die Nachfrage nach Absolventen von Business Schools und ausländischen Universitäten. (11)
- Mit internen Ausbildungsstätten, den sogenannten Corporate Universities, bilden sich außerdem zahlreiche Unternehmen den Nachwuchs selbst firmengerecht heran, um so ihren Bedarf an geschulten Führungskräften zu decken. (3), (6), (7)
- Langfristig können staatliche Universitäten dem wachsenden Druck aus der Wirtschaft

nur dann standhalten, wenn sie sich dem Markt anpassen und ihr Lehrangebot international ausrichten. (2)

Beitrag

Seit Bekanntgabe der Ergebnisse der Pisa-Studie gerieten deutsche Ausbildungsstätten immer mehr ins Fadenkreuz der Kritik. Veraltete Bildungsmodelle und gravierende Ausbildungsmängel weisen dabei auch staatliche Hochschulen auf, deren Absolventen die Manager von morgen sind. Daher greifen bei der Rekrutierung von jungem Führungsnachwuchs immer mehr Unternehmen auf private Business Schools zurück oder schulen ihre zukünftigen Manager in firmeneigenen Universitäten.

Kritik an den staatlichen Hochschulen

Vor allem aus der Industrie, die händeringend nach qualifizierten Führungskräften sucht, werden die Vorwürfe hinsichtlich der Ausbildungsmängel an staatlichen Universitäten immer lauter.

Veraltete Abschlüsse und ungeeignete Unterrichtssprache

Studienabschlüsse wie der Diplomkaufkaufmann sind längst veraltet und im Gegensatz zum Masters of Business Administration (MBA) keine internationale Einrichtung. Außerdem würden viele Unternehmer eine Umstellung von deutsch auf englisch als Unterrichtssprache begrüßen. Dadurch könnten zum einen zunehmend versierte Gastdozenten und Praktiker aus dem Ausland unterrichten. Zum anderen wären die Studiengänge somit auch für viele qualifizierte ausländische Studenten attraktiv, die ansonsten dem Land als Führungskräfte verloren gehen. (2)

Keine Möglichkeiten der Studentenauswahl

Auch die Tatsache, dass ausländische Universitäten oder Privatuniversitäten in Deutschland ihre Studenten selbst auswählen können, ist für Unternehmer ein Qualitätssiegel, das den staatlichen Einrichtungen bisher noch fehlt. Der Vorteil liegt darin, dass damit bereits eine erste Selektierung getroffen wurde. Während das Studium an staatlichen Universitäten gebührenfrei ist, filtern die Privaten mit hohen Studienkosten außerdem schon im Vorfeld solche Studenten heraus, die das Studium nicht so ernst nehmen. (2)

Unzureichende Vorbereitung auf das Arbeitsleben

Frisch von der Universität sind die meisten Studenten nur mäßig auf das wirkliche Arbeitsleben vorbereitet. Fehlende Praxisnähe, geringe Teamfähigkeit und übermäßige Theorielastigkeit sind weitere wichtige Gründe, weshalb Unternehmer in vielen Fällen lieber auf Absolventen von ausländischen oder privaten Universitäten zurückgreifen. (3)

Unternehmer ziehen ihre Konsequenz

Immer mehr Unternehmer bevorzugen aus diesen Gründen MBA-Absolventen von Business Schools oder ausländischen Universitäten. Mit maßgeschneiderten Programmen und Projektarbeit bereiten diese ihre Studenten auf die Wirklichkeit im Arbeitsleben vor.

Aber auch hier ist Vorsicht geboten: Die Unterschiede in der Qualität der Ausbildung sind groß und nicht immer auf den ersten Blick erkennbar. In der Regel wissen nur wenige Unternehmer, welche der zahlreichen MBA-Programme gut sind und welche z. B. durch Titelhandel erworben werden können. Wertvolle Anhaltspunkte liefern hier die unterschiedlichen Akkreditierungssysteme wie die deutsche FIBAA (Foundation for International Business Administration Accreditation) oder die amerikanische AACSB (Association to Advance Collegiate Schools of Business). (5), (9)

Was Studenten und Unternehmer von MBA-Programmen verlangen

Laut Umfragen favorisieren Arbeitgeber Spezialisierungen wie Finanzen und Marketing, während Studenten eine breit angelegte Ausbildung bevorzugen. Außerdem legen Unternehmer Wert auf kurze bzw. arbeitsbegleitende Studiengänge, da ansonsten ein Verlust an Praxisnähe befürchtet wird. Während ein Großteil der Studenten ihre Abschlüsse in den USA machen, setzen immer mehr deutsche Unternehmer auf europäische MBA-Anbieter, die sich mit ihren Fallstudien an europäischen Unternehmen orientieren. (5)

Corporate Universities die Alternative?

Viele große Unternehmen ziehen es mittlerweile vor, die Ausbildung ihrer Führungskräfte selbst in die Hand zu nehmen. Mit der Gründung von firmeneigenen Ausbildungsstätten, sogenannten Corporate Universities, können sie ihre Angestellten gezielt schulen und sie auf die Aufgaben im eigenen Unternehmen vorbereiten.

Aber auch hier kann der Titel irreführend sein, da den Corporate Universities keine einheitliches Konzept zugrunde liegt. Im Gegensatz zu herkömmlichen Hochschulen, orientieren sich Corporate Universities meistens nicht an akademischen Lehrplänen, sondern an der wirtschaftlichen Notwendigkeit des jeweiligen Unternehmens. So kann die Ausbildung je nach Unternehmen entweder eine kurze interne Weiterbildung sein oder aber eine umfassende Personalentwicklung beinhalten. Die Qualität der einzelnen Corporate Universities variiert dementsprechend. (3)

Damit die Corporate University der Firma auch von Nutzen ist, werden die Lehrinhalte in vielen Fällen nach der Firmenphilosophie ausgerichtet und beschäftigen sich mit dem Tagesgeschäft oder aktuellen Fallstudien des Auftraggebers. (3), (6)

Obwohl die Kooperation von Corporate Universities mit Professoren oder Lehrstühlen noch immer die Ausnahme ist, bemühen sich einige Firmenhochschulen wie bei DaimlerChrysler oder Bertelsmann darum, mit auserlesenen Eliteschulen zusammenzuarbeiten. (3), (6)

Fallbeispiele

In Deutschland bieten derzeit 120 private und staatliche Bildungsträger MBA-Programme an. Die Anzahl der deutschen Studenten beläuft sich auf schätzungsweise 3000 pro Jahr, wobei ein Großteil einen Abschluss im Ausland bevorzugt. (4)

Da die Qualität der angebotenen MBA Programme stark variiert, ist es für Bewerber und Arbeitgeber ratsam, Erkundigungen bei den unterschiedlichen internationalen Akkreditierungssystemen wie der

AACSB oder AMBA einzuholen. (5)

Die Bonner FIBAA - Foundation for International Business Administration Accreditation hat einen Kriterienkatalog angelegt, anhand dessen sie verschiedene MBA-Anbieter einer Qualitätsprüfung unterzieht. (4)

Interessante Erkenntnisse hat Melanie Manner zusammengefasst dargestellt. William H. Cox hat ein Ranking von europäischen MBA-Anbietern, ausgerichtet nach den Bedürfnissen von Arbeitnehmern, tabellarisch aufgeführt und erläutert. Da die bisherigen Rankings aus Sicht der Studenten angelegt wurden, kam es zu Änderungen in der Rangfolge. Die London Business School hat nach neuem Verfahren die französische Insead von Platz 1 verdrängt. (8), (5)

Das Buch Die besten MBA-Programme in Europa von William H. Cox und der von der FIBAA entwickelte MBA-Guide 2002 enthalten weitere Informationen zu MBA-Angeboten. (13)

Die Zeitschrift Focus hat deutsche Universitäten unter die Lupe genommen und einen Hochschulführer mit aktuellem Ranking erstellt. (10)

In einem Interview mit Walter Simon,

Wirtschaftstrainer und Leiter der Bad Nauheimer Business Training University, beleuchtet die Zeitschrift Horizont den Markt der Corporate Universities. (3)

Firmeneigene Ausbildungsstätten haben ihren Preis: So investierte Siemens in sein Weiterbildungsprojekt bisher rund 60 Millionen Euro, bei dem circa 5700 Manager aus aller Welt teilnehmen. Auch das Allianz Group Management Institute (AGMI) beziffert seine Kosten für Reisen, Seminare, Trainer etc. im zweistelligen Millionenbereich. (6)

Einen speziell für Berater konzipierten MBA Studiengang mit dem Namen MBA in International Management Consulting bietet die Fachhochschule Ludwigshafen an. Informationen hierzu und zu zahlreichen anderen Themen rund um den MBA können über www.hochschul-anzeiger.de/studium_und_weiterbildung/weiterbildun (1) abgerufen werden.

Weiterführende Literatur

(1) www.hochschul-anzeiger.de/studium_und_weiterbildung/weiterbildun aus FTD Financial Times Deutschland vom 25.01.2002, Seite 29

(2) Hermann, Simon, Deutsch, lebe wohl!, Manager Magazin Nr. 5 vom 01.05.2002, Seite 178
aus FTD Financial Times Deutschland vom 25.01.2002, Seite 29

(3) «Lernen soll den Wandel auslösen»
aus HORIZONT 14 vom 04.04.2002 Seite 046

(4) Unternehmen bilden sich die Manager von morgen heran
aus Frankfurter Allgemeine Zeitung, 07.05.2002, Nr. 105, S. 17

(5) Manner, Melanie, Arbeitgeber bevorzugen Finanz- und Marketing-MBA. Wirtschaftsuniversität Wien behauptet sich heuer gerade noch unter den 20 besten MBA-Anbietern in Europa, WirtschaftsBlatt Nr. 1616 vom 04.05.2002, Seite. E1
aus Frankfurter Allgemeine Zeitung, 07.05.2002, Nr. 105, S. 17

(6) Unis mit Stallgeruch
aus werben & verkaufen Nr. 18 vom 03.05.2002 Seite B04

(7) Gute Aussichten für Bildungsmanager Hauseigene Studienzentren verschaffen Mitarbeitern neue Möglichkeiten der beruflichen Weiterbildung - und binden Wissen ans Unternehmen
aus FTD Financial Times Deutschland vom 14.06.2002, Seite BE3

(8) Europas 20 beste MBA-Programme Tabelle
aus WirtschaftsBlatt, 04.05.2002, Nr. 1616, S. E1

(9) Schwertfeger, Bärbel, Fördert die EU den Titelhandel?, Spiegel Online vom 08.05.2002
aus WirtschaftsBlatt, 04.05.2002, Nr. 1616, S. E1

(10) Freier Chefsessel gesucht, Focus Nr. 16 vom 15.04.2002, Seite 130ff
aus WirtschaftsBlatt, 04.05.2002, Nr. 1616, S. E1

(11) Rubner, Jeanne, Eliteschmiede vor dem Start, Süddeutsche Zeitung vom 11.05.2002, Ausgabe Deutschland, Seite 25
aus WirtschaftsBlatt, 04.05.2002, Nr. 1616, S. E1

(12) Hochschulen können Studenten auswählen, Stuttgarter Zeitung vom 15.05.2002
aus WirtschaftsBlatt, 04.05.2002, Nr. 1616, S. E1

(13) www.wirtschaftsblatt.at/bookshop
aus WirtschaftsBlatt, 04.05.2002, Nr. 1616, S. E1

Impressum

Marktorientierte Hochschulausbildung

Bibliografische Information der deutschen Nationalbibliothek

Die Deutsche Nationalbibliothek verzeichnet diese Publikation in der deutschen Nationalbibliografie; detaillierte bibliografische Daten sind im Internet über http://dnb.d-nb.de abrufbar.

ISBN: 978-3-7379-0998-3

© 2015 GBI-Genios Deutsche Wirtschaftsdatenbank GmbH, Freischützstraße 96, 81927 München, www.genios.de

Alle Rechte vorbehalten. Dieses Werk ist einschließlich aller seiner Teile – z.B. Texte, Tabellen und Grafiken - urheberrechtlich geschützt. Jede Verwertung außerhalb der Grenzen des Urheberrechtsgesetzes bedarf der vorherigen Zustimmung des Verlags. Dies gilt insbesondere auch für auszugsweise Nachdrucke, fotomechanische Vervielfältigungen (Fotokopie/Mikroskopie), Übersetzungen, Auswertungen durch Datenbanken oder ähnliche Einrichtungen und die Einspeicherung und Verarbeitung in elektronischen Systemen.